les petits cahiers

AMÉLIORER L'ESTIME DE SOI

Titre original : *Cuaderno práctico de ejercicios para cuidar tu autoestima*, publié par Planeta, S.A, Barcelone, Espagne.

ISBN : 978-2-412-02207-8

Dépôt légal : juin 2017

Imprimé en Espagne

Traduit de l'espagnol par Marie-Christine Guyon

Édition : Lisa Marie

Mise en page : Fabrice Del Rio Ruiz

Correction : Valérie Gios

Illustration de couverture : © Curly Pat – Shutterstock

Illustrations intérieures : © alvarofdez.com

Typographie : Martin Wilke (Ariston), Kimberly Geswein (KG Two is Better Than One), Nick's Font (Seasideresort), Brian J. Bonislawsky (LA Headlights BTN).

Éditions First, un département d'Édi8

12, avenue d'Italie

75013 Paris – France

Tél. : 01-44-16-09-00

Fax : 01-44-16-09-01

E-mail : firstinfo@efirst.com

Internet : www.editionsfirst.com

les petits cahiers

AMÉLIORER L'ESTIME DE SOI

RUT ABADÍA

FIRST Editions

SOMMAIRE

C'EST PARTI !

INTRODUCTION

BIENVENUE !

CHEZ CHACUN DE NOUS, L'ESTIME DE SOI EST UN SENTIMENT DE VALORISATION DE SON ÊTRE, DE SON APPARENCE PHYSIQUE, DE SES TRAITS DE CARACTÈRE, DE SON ESPRIT, DE TOUT CE QUI CONSTITUE SA PERSONNALITÉ. L'AMOUR-PROPRE ET LA CONFIANCE EN SOI S'APPRENNENT ET ON PEUT PROGRESSER EN LA MATIÈRE.

LE MANQUE D'ESTIME DE SOI EST LE SYMPTÔME LE PLUS SOUVENT PRÉSENT DANS LES NÉVROSES ET DANS LES TROUBLES AFFECTIFS OU COMPORTEMENTAUX. LORS DE LA PLUPART DES DÉMARCHES THÉRAPEUTIQUES, C'EST L'ASPECT SUR LEQUEL ON TRAVAILLE EN PREMIER.

L'estime de soi est l'opinion affective profonde que chacun a de lui-même. Ses origines dépassent la logique et la raison. Elle a un synonyme très parlant : « l'amour-propre ».

Selon Nathaniel Branden, psychothérapeute canadien spécialiste de l'estime de soi, « c'est la clé pour se comprendre soi-même et comprendre les autres ». Un bon niveau d'estime de soi reflète une vision à la fois réaliste et amoureuse de nous-mêmes. En d'autres termes, elle traduit notre capacité à reconnaître nos traits de caractère positifs et négatifs et notre volonté d'utiliser ce savoir pour évoluer sur les plans personnel, affectif et social.

Les parents peuvent aider leurs enfants à acquérir un amour-propre solide, qui influencera considérablement leur vie d'adulte. L'amour que les parents manifestent envers leurs enfants, quand ils les encouragent dans leurs initiatives et valorisent leurs erreurs en tant que moyen d'apprentissage, est la condition d'un développement psychologique harmonieux, doublée d'une bonne estime de soi. À l'inverse, des attentes peu réalistes sur les possibilités de leurs enfants peuvent engendrer chez ceux-ci un besoin constant d'approbation et de marques d'affection. De plus, ils risquent de se fixer des objectifs personnels qui ne correspondent pas à leurs véritables aspirations ou à leurs capacités, avec comme conséquence des atteintes à l'amour-propre.

Alfred Adler, psychiatre autrichien disciple de Sigmund Freud et fondateur de l'école de psychologie individuelle, a souligné dès le début de sa carrière l'importance des rapports entre l'individu et son milieu. Les concepts fondamentaux de sa théorie sont le caractère, le complexe d'infériorité, le conflit entre la situation réelle de l'individu et ses aspirations, et le désir de pouvoir, moteur essentiel du comportement.

Selon Adler, le manque d'estime de soi pousse l'individu à déployer des efforts excessifs pour surmonter l'infériorité qu'il suppose en lui. Pour compenser ce sentiment d'infériorité, il développe certains talents et aptitudes.

Le manque d'estime de soi empêche l'individu de rechercher un sens à son existence et de cerner ses véritables centres d'intérêt. Il crée en lui des troubles de l'identité. Par manque de confiance en soi, cette personne ressent le besoin de se comparer aux autres et de s'identifier à des modèles sociaux. Elle ne comprend pas que chaque être est unique et différent des autres, et que la seule chose qui soit comparable est notre potentiel, par rapport à notre rendement.

L'ESTIME DE SOI S'APPREND ET LES MOTS ONT EN SOI UN POUVOIR IMPORTANT. PAR LA PRATIQUE DE MÉTHODES SIMPLES, COMME CELLES PROPOSÉES DANS CE LIVRE, ON PEUT AMÉLIORER L'OPINION QU'ON A DE SOI-MÊME.

La personne qui s'estime elle-même est estimée aussi par les autres, car ils imitent son comportement. Pour s'estimer soi-même, il faut se respecter. Pour cela, il faut être cohérent entre ce que l'on fait, ce que l'on dit et ce que l'on pense. Cette cohérence est la fondation la plus solide sur laquelle édifier un amour-propre, car cela permet de croire en soi-même, d'avoir confiance en soi, de se valoriser et d'être fier de ses actes. De même que nous valorisons les personnes dotées de ces qualités, nous valorisons la personne que nous sommes et qui se cache derrière le masque d'une piètre estime de soi.

TEST D'ESTIME DE SOI
ÉVALUEZ VOTRE AMOUR-PROPRE

Voici un test destiné à évaluer le degré d'estime que vous ressentez à l'heure actuelle envers vous-même. Vous pouvez le refaire demain ou dans une semaine, car ce niveau peut varier. Les conclusions que vous tirerez de ce test vous serviront à vous et uniquement à vous, qui êtes le mieux placé pour en juger.

Vous trouverez ci-dessous une série de questions sur l'opinion que vous avez de vous-même ou sur vos réactions dans différentes circonstances. Dans la colonne de droite, notez de 4 à 1 votre attitude dans chacune de ces situations, selon que vous éprouvez toujours, souvent, parfois ou jamais le sentiment décrit. Faites ensuite le total des résultats obtenus.

4 = TOUJOURS | 3 = SOUVENT | 2 = PARFOIS | 1 = JAMAIS

	4	3	2	1
Tout m'est égal.				
J'écoute les critiques et je les accepte.				
J'aime les défis.				
En cas d'échec, je me sens coupable.				
J'ai du mal à accepter le changement.				
Je crois que l'erreur est humaine.				
Je crois que seuls les sages savent se corriger.				
Je n'aime pas faire de nouvelles choses.				

4 = TOUJOURS	3 = SOUVENT	2 = PARFOIS	1 = JAMAIS

	4	3	2	1
J'aime rendre mon entourage heureux.				
Je me trompe rarement.				
J'ai peur des défis.				
Je félicite les autres quand ils atteignent leurs objectifs.				
J'aime apprendre des échecs des autres.				
J'ai peur du changement.				
Je suis très agressif(ive).				
Je me moque de moi-même.				
J'aime l'aventure.				
Je n'aime pas mon corps.				
La plupart du temps, je suis gai(e).				
Je n'ai pas peur des inconnus.				
Quand je me regarde dans le miroir, je me plais.				
J'ai besoin des autres.				
Je suis le centre du monde.				
Je suis insignifiant(e).				
Je n'aime pas les inconnus.				

4 = TOUJOURS | 3 = SOUVENT | 2 = PARFOIS | 1 = JAMAIS

	4	3	2	1
La plupart du temps, je suis triste.				
Je suis très réservé(e).				
Je n'ai aucun mal à exprimer mes sentiments.				
Je suis timide.				
J'ai du mal à plaire aux autres.				
Les choses se passent bien grâce à moi.				
Je suis la risée de tous.				
Beaucoup de gens dépendent de moi.				
Quand je me regarde dans le miroir, je ne me plais pas.				
Je plais aux gens.				
Je n'accepte pas les critiques.				
Tout me réussit.				
J'échoue dans tout ce que j'entreprends.				
Je me moque de tout le monde.				
Je suis parfait(e).				
TOTAL PAR COLONNE				
TOTAL GÉNÉRAL				

★★★ # RÉSULTATS ★★★

De 160 à 104 points Vous avez une estime de vous-même élevée, voire extrême. N'oubliez pas que nul n'est parfait. Essayez d'analyser vos attitudes et vos défauts de manière critique mais constructive. On a toujours quelque chose à apprendre.

De 103 à 84 points Vous avez actuellement un bon niveau d'estime de vous-même. Vous vivez une période positive et débordez d'énergie. Demandez-vous ce qui vous a permis d'en arriver là. Tentez de favoriser en vous les attitudes positives que vous avez cultivées pour y parvenir.

De 83 à 74 points Votre niveau d'estime de vous-même est bon, mais votre moral est un peu bas. Ne vous en faites pas. Le soleil ne brille pas tous les jours et il est normal d'être parfois triste. Essayez de faire des choses positives pour vous, pour éviter que la tristesse ne prenne le dessus.

De 73 à 40 points Votre estime de vous-même est dans un creux, en ce moment. Réfléchissez à ce qui vous a mis(e) dans cet état. Cherchez sans vous décourager de nouveaux stimuli, capables de vous rendre le moral. Les méthodes décrites dans ce livre vous y aideront.

LES TROIS PILIERS DE L'ESTIME DE SOI

Les exercices que nous vous proposons dans les pages qui suivent tournent autour des trois piliers de l'estime de soi.

- **La prise de conscience.** La conscience est l'état mental dans lequel nous nous rendons compte de nos pensées, sentiments, paroles et actes. L'estime de soi reflétant votre opinion et vos sentiments à votre propre égard, elle ne peut exister que si vous êtes conscient de ce qui se passe dans votre esprit.

  Vous vous rendez compte que votre dialogue intérieur ne cesse de vous juger pour ce que vous faites ou dites ? C'est justement le moment ou jamais de vous occuper du problème.

- **Le choix.** Vous allez apprendre à adopter de nouvelles formes de pensée et à vous forger de nouvelles opinions, qui renforceront votre confiance en vous.

- **Le changement.** Dans cette phase de notre démarche, nous mettrons en pratique les pensées acquises à l'aide des exercices de la partie précédente, afin de transformer votre dialogue intérieur, vos émotions et votre comportement.

Cela ne veut pas dire qu'une fois ce degré de pratique atteint, vous ne tomberez plus dans le cercle vicieux des pensées négatives. Mais vous serez mieux préparé pour les détecter et pour agir avant que cela n'atteigne votre amour-propre.

PRISE DE CONSCIENCE

IDÉES PRÉCONÇUES

QUELLE OPINION AVEZ-VOUS DE VOUS-MÊME ?

OBSERVER VOS PENSÉES ET LES DISTINGUER SELON QU'ELLES SONT POSITIVES OU NÉGATIVES VOUS AIDERA À CONNAÎTRE UN PEU MIEUX VOTRE FONCTIONNEMENT MENTAL.

Les idées préconçues que nous avons sur nous-mêmes naissent de notre expérience de la vie, ainsi que des messages reçus des personnes qui ont joué un rôle dans notre éducation.

De toutes ces idées apprises, certaines, négatives, empêchent notre personnalité d'évoluer. Elles nous limitent car elles influencent notre perception de telle manière que nous n'arrivons pas à atteindre nos objectifs.

Si vous changez de croyances et d'attitude, vous constaterez que tout change autour de vous. Cet exercice vous permettra d'identifier les idées négatives qui se sont ancrées dans votre esprit et qui sapent votre bonheur. Quand vous les aurez identifiées, vous pourrez les changer.

MES IDÉES PRÉCONÇUES

Répondez aux questions suivantes. Conservez cet exercice pour le relire de temps en temps, afin de vous rappeler que ce que vous pensez à votre sujet n'est pas forcément exact et qu'un membre de votre entourage – en toute bonne foi et sans se rendre compte de ce qu'il faisait – vous a mis ces idées dans la tête, il y a longtemps. Vous saurez désormais que ce ne sont que de fausses croyances, sans rapport nécessaire avec la réalité. Certaines sont utiles, d'autres non. Quand vous aurez identifié celles qui ne vous sont pas utiles ou vous sont même nuisibles, éliminez-les de votre esprit.

NOTEZ ICI DES IDÉES PRÉCONÇUES, TRANSMISES DANS VOTRE ENFANCE VIA DES MESSAGES REÇUS DE :

VOTRE MÈRE ....

....

....

VOTRE PÈRE ....

....

....

VOS FRÈRES ET SŒURS ....

....

....

VOS AMIS...

....

....

VOS ENSEIGNANTS...

....

....

D'AUTRES PERSONNES...

....

....

PARMI CES MESSAGES, LESQUELS DOMINENT TOUJOURS VOTRE EXISTENCE À L'HEURE ACTUELLE ?

....

....

....

....

....

....

....

....

....

....

....

....

....

....

PARMI CES MESSAGES, LESQUELS RENFORCENT VOTRE ESTIME DE VOUS-MÊME ?
ET LESQUELS SONT POUR VOUS NÉGATIFS, VOIRE DESTRUCTEURS ?

CES MESSAGES REFLÈTENT-ILS LA RÉALITÉ OU LES AVEZ-VOUS PRIS POUR ARGENT COMPTANT JUSQU'À MAINTENANT, SANS Y RÉFLÉCHIR ?

LESQUELS DE CES MESSAGES DEVEZ-VOUS ÉLIMINER OU CHANGER POUR AMÉLIORER VOTRE ESTIME DE VOUS-MÊME ?

ÉCRIVEZ CI-DESSOUS DES MESSAGES POSITIFS QUI FORMERONT UN NOUVEAU SYSTÈME DE PENSÉE, FAVORISANT VOTRE ESTIME DE VOUS-MÊME, VOTRE CONFIANCE EN VOUS ET VOTRE BONHEUR.

VOTRE HISTOIRE

MIEUX COMPRENDRE QUI VOUS ÊTES

NOTRE ENFANCE ET LES ÉVÉNEMENTS DU PASSÉ ONT LAISSÉ UNE TRACE DANS NOTRE INCONSCIENT. EN EXAMINANT CELLE-CI, NOUS EN APPRENONS SUR NOUS-MÊMES ET POUVONS AINSI ÉVOLUER.

Écrire l'histoire d'une vie est une méthode qui permet de rassembler les événements les plus significatifs de notre existence, depuis notre naissance jusqu'à la date où nous entreprenons de retracer le chemin parcouru. Pour cela, notre principal outil est notre mémoire. Grâce à elle, nous retrouvons d'où nous venons, comment s'est constituée notre famille, de quel milieu social, culturel, politique et économique nous sommes issus, et tous autres faits marquants pour nous.

En psychologie positive, ces récits de vie servent à donner du sens à notre histoire personnelle, pour mieux comprendre qui nous sommes.

Cernez vos qualités dans votre vie passée, présente et future, en faisant appel à votre créativité. Décrivez aussi vos rêves, vos objectifs et la façon dont vous comptez vous y prendre pour les réaliser.

L'HISTOIRE DE VOTRE VIE AU PASSÉ, AU PRÉSENT ET AU FUTUR

LE PASSÉ

Relatez votre passé. N'oubliez pas vos périodes difficiles et les qualités dont vous avez tiré parti pour les surmonter.

LE PRÉSENT

Décrivez votre vie actuelle, en expliquant qui vous êtes en ce moment. Quelles différences y a-t-il entre votre existence présente et passée ? Quelles difficultés devez-vous affronter ?

L'AVENIR

Décrivez votre avenir idéal. En quoi se différenciera-t-il de la période actuelle ? Et en vous, qu'est-ce qui aura changé ?

AUTOANALYSE

CONCENTREZ-VOUS SUR CE QUI COMPTE VRAIMENT

PRENDRE DU RECUL ET OBSERVER NOTRE PARCOURS « DE L'EXTÉRIEUR » EST UN BON EXERCICE POUR RETROUVER, DE TEMPS EN TEMPS, UN REGARD OBJECTIF SUR L'EXISTENCE.

Emplie d'une multitude d'événements, la vie quotidienne est un tourbillon qui nous empêche de considérer avec attention des aspects méritant vraiment un petit effort de notre part. L'exercice qui suit vous aidera à cerner ce qui compte véritablement.

La gratitude est une qualité humaine qui va de pair avec la maturité et avec l'équilibre psychologique. Valeur fondamentale, elle est indispensable à notre vie affective. Selon les spécialistes de la psychologie positive, l'acte consistant à remercier accroît le bien-être et le bonheur de l'individu, car il resserre ses liens avec les autres. Une étude dirigée en 2003 par Robert A. Emmons et Michael E. McCullough a révélé qu'il suffisait de noter par écrit cinq choses dont nous sommes reconnaissants pour augmenter notre bien-être de 25 % !

PRÉOCCUPEZ-VOUS DE CE QUI COMPTE VRAIMENT

Complétez les phrases suivantes. Quand vous aurez terminé, lisez la page entière et décidez des aspects de votre existence dont vous devez vous occuper plus particulièrement.

MES FRÈRES ET SŒURS SONT ....

....

....

....

MA FAMILLE EST ....

....

....

....

VOICI MON MEILLEUR SOUVENIR : ....

....

....

....

LA PERSONNE QUE J'ADMIRE LE PLUS EST ....

....

....

....

ICI ET MAINTENANT, VOICI CE QUE JE RESSENS : ....

....

....

....

EN CE MOMENT, MON PRINCIPAL SUJET DE PRÉOCCUPATION EST..

....

....

....

JE SUIS FIER(FIÈRE) DE MOI PARCE QUE..

....

....

....

UN JOUR, J'AIMERAIS..

....

....

....

MON(MA) MEILLEUR(E) AMI(E) EST..

....

....

....

J'AI PEUR DE ....

....

....

....

L'AVENIR ME SEMBLE..

....

....

....

VOS POINTS FORTS
UNE VISION POSITIVE DE VOUS-MÊME

LA BASE DE L'ESTIME DE SOI CONSISTE À ÊTRE OBJECTIF ENVERS SOI-MÊME. NOUS AVONS TOUS DES DÉFAUTS, MAIS NOUS DEVONS AUSSI RECONNAÎTRE NOS QUALITÉS. L'ACCEPTER, C'EST S'AMÉLIORER ENCORE.

Les personnes affectées de problèmes d'estime de soi ont souvent du mal à identifier leurs propres qualités. Voici un exercice qui vous aidera à porter un regard plus positif sur vous-même.

Les forces humaines forment ce que l'on peut appeler des vertus, recouvrant les caractéristiques essentielles du caractère. Elles sont transculturelles et universelles. Et, ce qui est plus étonnant, elles s'acquièrent. Nous les possédons tous à un degré plus ou moins élevé. Elles nous aident à atteindre l'excellence, dans toutes les facettes de notre personnalité (individuelle, sociale, intellectuelle, etc.). Identifiez les vôtres afin de les acquérir ou de les développer.

MES QUALITÉS

DOMAINES DANS LESQUELS JE RÉUSSIS	ÉLOGES QUE J'AI REÇUS	CE QUE JE PRÉFÈRE DANS MON PHYSIQUE	PROBLÈMES QUE J'AI RÉSOLUS

VOTRE BLASON
POUR MONTRER VOS QUALITÉS

L'AUTOVALORISATION, LA CONFIANCE EN SOI ET LE RESPECT DE SOI-MÊME STIMULENT LA CRÉATIVITÉ. ILS SONT INDISPENSABLES POUR PARTICIPER AVEC SUCCÈS À UN PROJET, À UN TRAVAIL EN ÉQUIPE OU À TOUTE AUTRE RÉALISATION CONTRIBUANT À ÉDIFIER NOTRE AVENIR.

À partir du modèle ci-dessous, laissez libre cours à votre créativité. Avec le mode d'expression que vous préférez (crayons de couleur, craies à la cire, peinture...), composez votre propre blason.

Celui-ci doit illustrer vos qualités. Pensez à toutes celles qui définissent votre caractère, qui vous distinguent des autres et qui font votre fierté. En plus d'exprimer vos talents artistiques, vous aboutirez, de manière amusante, à une synthèse de ce que vous êtes à l'heure actuelle. Dans quelques semaines, dessinez de nouveau votre blason et observez les différences. Lui aurez-vous ajouté d'autres qualités ?

MES QUALITÉS

Composez votre blason comme si vous étiez le seigneur d'une grande maison médiévale. Dans chacun de ses quartiers, représentez une facette importante de vous-même. Par exemple, si vous considérez que vous êtes un bon parent, illustrez cette qualité.

COMMENT SUIS-JE ?

Soulignez chacune des qualités qui, selon vous, vous définissent. Rappelez-vous les moments de votre existence où vous en avez donné la preuve.

Adaptable
Affectueux
Aimable
Ambitieux
Bricoleur
Cohérent
Compétent
Conciliant
Constructif
Convainquant
Coopératif
Cordial
Courageux
Courtois
Créatif
Cultivé
Débrouillard

Dévoué
Diplomate
Discret
Droit
Dynamique
Efficace
Efficient
Entreprenant
Énergique
Enthousiaste
Équitable
Éthique
Extraverti
Exigeant
Facile à vivre
Fiable
Fidèle

Ferme
Flegmatique
Habile
Honnête
Indépendant
Intuitif
Logique
Loyal
Mature
Méthodique
Minutieux
Moderne
Objectif
Optimiste
Ordonné
Organisé
Ouvert au dialogue

Patient
Persévérant
Persuasif
Plein de ressources
Poli
Polyvalent
Ponctuel
Pondéré
Positif
Pratique
Précis
Prévoyant
Productif
Prudent
Rapide
Raisonnable
Réfléchi

Résolu
Respectueux
Sensé
Serein
Sincère
Soigneux
Souple d'esprit
Spécialisé
Stable
Sûr de ses convictions
Tenace
Tolérant
Travailleur
Vif
Volontaire

VOS TRAITS POSITIFS

LE TABLEAU DE VOS VERTUS

TOUT INDIVIDU A DE MULTIPLES QUALITÉS MAIS ON A TENDANCE À L'OUBLIER. VOUS TROUVEREZ ICI TOUTES SORTES DE RAISONS D'ÊTRE FIER DE VOUS.

Si vous avez du mal à identifier ce qu'il y a de bien en vous, cet exercice devrait vous y aider. Il comporte une liste de qualités dont vous pourrez extraire votre propre « tableau de vertus ».

Croire en soi relève d'un choix et d'une attitude qui se cultivent par la pratique. Pour éliminer les idées fausses et négatives en les remplaçant par des idées propres à augmenter votre estime de vous-même, commencez par identifier les traits qui vous définissent de façon positive. Grâce à cet exercice, vous découvrirez que vous avez beaucoup plus de vertus que vous ne pensiez !

Vous n'avez aucune raison de vous sous-estimer. Vos défauts eux-mêmes ne sauraient dépasser votre véritable valeur. Vous êtes quelqu'un de bien et vous devez en prendre conscience. La seule limite est celle que vous vous imposez à vous-même.

MES QUALITÉS

Remémorez-vous des moments où vous avez fait preuve de qualités.

Décrivez brièvement des situations où vous avez manifesté les qualités indiquées ci-dessous. Ces expériences vous rappelleront tout le potentiel qu'il y a en vous.

COURAGE..

....

....

....

....

GÉNÉROSITÉ..

....

....

....

....

AMABILITÉ...

....

....

....

....

AMOUR ....

....

....

....

....

ESPRIT DE SACRIFICE ....

....

....

....

....

SAGESSE ....

....

....

....

....

APTITUDE AU BONHEUR ....

....

....

....

....

SÉRÉNITÉ ....

....

....

....

....

LA PLEINE CONSCIENCE

OBSERVEZ VOS PENSÉES

LA PRATIQUE DE LA PLEINE CONSCIENCE ATTÉNUE L'ANXIÉTÉ ET LES ÉTATS DÉPRESSIFS, TOUT EN AMÉLIORANT LA CAPACITÉ DE CONCENTRATION.

La pratique de la pleine conscience consiste à prendre quelques minutes pour contempler vos pensées « de l'extérieur », en observant l'effet qu'elles ont sur vous, mais sans intervenir sur elles ni lutter pour les modifier. Cela implique de vous concentrer sur le moment présent, dans une attitude d'acceptation.

Nous vous proposons ci-après plusieurs exercices de pleine conscience, que vous pourrez réaliser chaque jour. Comme dans toute discipline, leurs bienfaits s'accroissent avec la pratique.

La pratique de la pleine conscience limite le stress, améliore l'attention, le rendement intellectuel, l'aptitude à prendre du recul. Elle prévient les rechutes chez les personnes souffrant d'addictions, atténue les effets des maladies chroniques et, de façon générale, améliore l'état mental. Elle ne demande que quelques minutes par jour et vous en constaterez les bienfaits de façon quasi immédiate. Cela vaut la peine d'essayer !

MON ESPACE DE MÉDITATION

Trouvez un endroit où rester assis confortablement et sans être dérangé pendant une dizaine de minutes. Fermez les yeux et fixez votre attention sur le moment présent. Observez le rythme de votre respiration, en sentant l'air entrer et sortir de vos poumons. Vous allez tout de suite vous rendre compte que votre esprit s'égare et qu'il tente d'échapper au moment présent. Ne l'en empêchez pas. Observez vos pensées et vos sensations avec l'œil d'un témoin extérieur qui aurait le privilège d'assister au fonctionnement de votre cerveau.

Notez ce qui se passe, puis reportez de nouveau votre attention sur votre respiration.

Il se peut que les premières fois, cet exercice vous paraisse difficile ou simplement ennuyeux. Il se peut aussi que vous vous mettiez à penser à votre prochain week-end, ou qu'un problème vous envahisse l'esprit. Ce n'est pas grave. Observez ces sensations et vos pensées. Acceptez-les comme elles viennent.

OBSERVEZ VOTRE CORPS

Dans cet exercice, au lieu d'observer vos pensées, vous allez maintenant porter votre attention sur vos sensations corporelles. L'objectif visé n'est pas d'y changer quoi que ce soit, ni de vous relaxer, mais de prendre conscience de ce qui se produit dans votre corps. S'il n'est pas nécessaire de poursuivre l'exercice longtemps, il importe de le réaliser très lentement.

Les yeux fermés, concentrez-vous sur ce que vous ressentez au niveau de vos pieds. Remarquez toute sensation : chaleur, froid, douleur, chatouillement... Puis remontez par les chevilles, les jambes, le bassin, l'abdomen, le thorax, le dos, les épaules, les bras, les mains, les doigts, le cou et enfin, la tête. À chacune de ces parties du corps, arrêtez-vous quelques instants, toujours en observant vos sensations.

Une fois arrivé à la tête, redescendez, en « scannant » de nouveau chaque partie de votre corps, jusqu'aux pieds. Procédez très lentement.

CONCENTREZ-VOUS SUR LE PRÉSENT, À TRAVERS VOS CINQ SENS

Regardez autour de vous et choisissez cinq choses auxquelles, jusque-là, vous n'aviez jamais fait attention. Cela peut être une aspérité sur le mur, un reflet ou une petite toile d'araignée au plafond.

UN

....

....

....

....

DEUX

....

....

....

....

TROIS

....

....

....

....

QUATRE

....

....

....

....

CINQ

....

....

....

....

Maintenant, portez votre attention sur quatre choses que vous ressentez à cet instant précis, comme la pression de vos pieds sur le sol, le fait que vous êtes avachi ou la température ambiante. Saisissez un objet et ressentez-en la texture.

UN

....

....

....

DEUX

....

....

....

TROIS

....

....

....

QUATRE

....

....

....

Portez ensuite votre attention sur trois sons : le bruit assourdi d'un appareil électroménager au loin, la circulation dans la rue, la climatisation, le chant des oiseaux…

UN

DEUX

TROIS

Deux odeurs, maintenant : peut-être sentez-vous le parfum d'un bouquet de fleurs, l'arôme du café, une odeur d'herbe coupée ou encore quelque chose de moins agréable ?

UN

DEUX

Enfin, quel goût avez-vous dans la bouche ? Mâchez un chewing-gum, buvez une gorgée de café, croquez une pomme ou, simplement, mastiquez dans le vide et notez ce que vous ressentez.

Vous pouvez effectuer cet exercice n'importe quand. Par exemple, en faisant la vaisselle, en écoutant de la musique ou en vous promenant.

CROYANCES APPRISES
DES IDÉES PRÉCONÇUES

NOUS AVONS TOUS UNE PERCEPTION DIFFÉRENTE DE LA RÉALITÉ : DEUX PERSONNES AYANT VÉCU LA MÊME SITUATION PEUVENT L'INTERPRÉTER DE FAÇON BIEN DISTINCTE.

Les croyances et idées préconçues que l'on nous a inculquées déterminent notre perception de la réalité. Par exemple, quelqu'un qui est persuadé que le monde est peuplé de gens méchants croit que quiconque l'approche est animé d'intentions obscures. Il faut surmonter ces idées négatives pour se forger une vision plus saine du monde et de soi-même.

Incrustées dans notre subconscient, les idées préconçues que l'on nous a apprises influencent notre interprétation des événements. Imaginez-les comme des lunettes. Chacun d'entre nous voit la vie avec les lunettes équipées de verres de couleurs différentes.

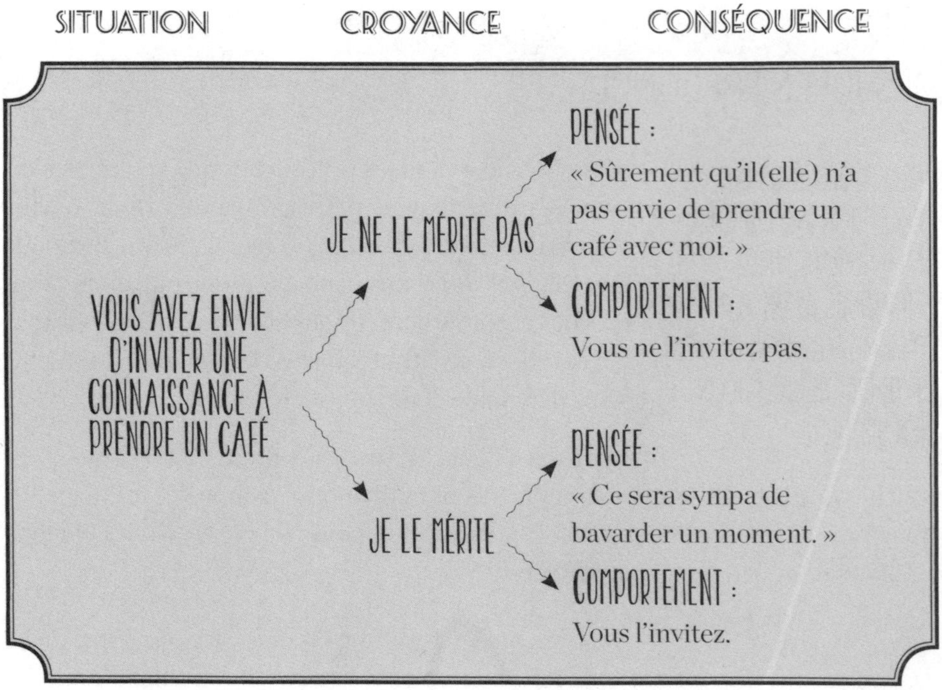

IDENTIFIEZ LES IDÉES PRÉCONÇUES NÉGATIVES

Nombre d'entre nous ont des idées préconçues négatives, qui entraînent des conséquences néfastes. Pour lutter contre ces croyances, encore faut-il d'abord les identifier. En voici quelques exemples :

Personne ne m'aime
Je suis bête
Je suis ennuyeux(euse)

Je suis laid(e)
Je ne vaux rien
Je ne suis pas quelqu'un de bien

Je ne suis pas normal(e)
Je ne mérite rien

IDÉES PRÉCONÇUES

Et vous, quelles sont vos idées préconçues ? Dressez-en la liste. Puis, écrivez à côté trois raisons pour lesquelles ces croyances sont fausses.

IDÉE NÉGATIVE	C'EST FAUX, PARCE QUE...	IDÉE NÉGATIVE	C'EST FAUX, PARCE QUE...

LE CHOIX

LUTTER CONTRE LES PENSÉES NÉGATIVES

LA VOIE DU CHANGEMENT

APPRENDRE À FREINER NOS PENSÉES NÉGATIVES NOUS AIDE À AVOIR UNE MEILLEURE IMAGE DE NOUS-MÊMES ET À FAIRE DES CHOIX PLUS PERTINENTS. AU DÉBUT, CE N'EST PAS FACILE. MAIS AVEC LA PRATIQUE, VOUS RÉUSSIREZ À LEUR BARRER LA ROUTE À TEMPS.

La dépression, le manque d'estime de soi et l'anxiété entraînent des pensées irrationnelles qui envahissent notre cerveau. Par exemple, chez certaines personnes pourtant très responsables dans leur travail, il suffit d'une critique pour qu'elles s'effondrent. Leurs pensées irrationnelles leur dictent qu'elles ne sont bonnes à rien. Pourtant, en toute objectivité, c'est faux.

Pour éviter d'en arriver là, considérez vos pensées avec du recul. Portez-leur un regard objectif, comme celui d'un ami qui les observerait.

IDENTIFIEZ VOS PENSÉES NÉGATIVES

Notez ici une pensée négative qui vous revient souvent, puis répondez aux questions.

EST-IL PROUVÉ QUE CE QUE JE CROIS EST VRAI ? ....

....

....

....

....

....

EXISTE-T-IL DES PREUVES DU CONTRAIRE ? ....

....

....

....

....

....

QUE DIRAIT UN(E) AMI(E) DE CETTE SITUATION ? ....

....

....

....

....

....

EST-CE QUE J'INTERPRÈTE CETTE SITUATION SANS DISPOSER DE TOUTES LES INFORMATIONS NÉCESSAIRES POUR M'EN FAIRE UNE IDÉE OBJECTIVE ? ....

....

....

....

....

....

....

....

SI J'ENVISAGE CETTE SITUATION DE FAÇON POSITIVE, QU'EST-CE QUE CELA CHANGE ? ....

....

....

....

....

....

....

....

CETTE SITUATION AURA-T-ELLE DE L'IMPORTANCE DANS UN AN ? ET DANS CINQ ANS ? ....

....

....

....

....

....

....

....

JOURNAL D'ESTIME DE SOI

Tenir un « journal d'estime de soi » vous aidera à progresser dans les sentiments positifs. L'exercice suivant consiste à noter trois choses dont vous pouvez en permanence vous enorgueillir : réussite, qualités, expériences positives... Par exemple : « J'ai terminé cet article, je suis fier de moi » ou « J'ai réussi à courir 5 minutes de plus. »

Copiez le tableau ci-dessous dans un cahier afin de répondre aux questions chaque jour.

LUNDI	*Aujourd'hui, j'ai réussi* … *Aujourd'hui, je me suis amusé(e) quand* … *Aujourd'hui, j'ai été fier(fière) de* …
MARDI	*Aujourd'hui, j'ai obtenu* … *Aujourd'hui, j'ai vécu une expérience positive avec* … *Écrivez quelque chose que vous avez fait pour quelqu'un :* …

MERCREDI

Aujourd'hui, je me suis senti(e) bien avec moi-même quand.
....
Aujourd'hui, j'ai été fier(fière) de quelqu'un qui a ....
....
Cette journée a été intéressante parce que ....
....

JEUDI

Aujourd'hui, je me suis senti(e) fier(fière) de moi quand..
....
Notez un événement positif auquel vous avez assisté...........
....
Aujourd'hui, j'ai réussi...
....

VENDREDI

Notez quelque chose que vous avez réussi, aujourd'hui :.......
....
Aujourd'hui, j'ai vécu une situation positive :.......................
....
Aujourd'hui, j'ai été fier(fière) de quelqu'un qui ....
....

SAMEDI

Aujourd'hui, j'ai passé un bon moment de détente quand..
....
Aujourd'hui, j'ai aidé quelqu'un à..
....
Aujourd'hui, je me suis senti(e) bien quand.........................
....

DIMANCHE

Décrivez quelque chose de positif que vous avez vu :...........
....
Cette journée a été intéressante parce que.........................
....
Aujourd'hui, j'ai été fier(fière) lorsque ....
....

LA GRATITUDE
LA VOIE DE LA SATISFACTION

RENONCER À LA PLAINTE ET COMMENCER À VIVRE DANS LA GRATITUDE EST ESSENTIEL POUR CONSTRUIRE SON ESTIME DE SOI. LA GRATITUDE VOUS RAPPELLE TOUT CE QUE VOUS AVEZ DE BON, TOUT CE QUE VOUS ÊTES DE BIEN. ELLE RENFORCE VOTRE CONFIANCE ENVERS LES AUTRES.

Les neurosciences montrent que les personnes qui éprouvent de la gratitude sont moins sujettes au stress et à la dépression. De plus, elles vivent des relations sociales beaucoup plus satisfaisantes.

Le docteur Robert A. Emmons, la spécialiste en psychologie positive Sonja Lyubomirsky et de nombreux autres scientifiques ont déterminé que la pratique de la gratitude était l'une des méthodes les plus fiables pour accroître le bien-être et la satisfaction. En outre, elle procure de l'optimisme, de la joie, du plaisir, de l'enthousiasme et d'autres émotions positives. Les recherches menées par Robert A. Emmons et son confrère Michael E. McCullough indiquent que la gratitude renforce le système immunitaire, réduit la tension artérielle, atténue les symptômes de nombreuses maladies et nous rend moins sujets à la douleur et autres désagréments. Enfin, elle nous incite à faire de l'exercice et à préserver notre santé.

SEPT JOURS DE GRATITUDE

Tous les jours, consacrez quelques minutes à penser à trois choses, pas forcément importantes, qui vous inspirent de la gratitude. Un repas qui vous a fait plaisir, une conversation avec un ami, une solution trouvée à un problème difficile... C'est le type de situations qui méritent de la reconnaissance.

Exercez-vous à la gratitude pendant une semaine. À la fin, vous noterez ce que vous avez ressenti au moment où vous avez identifié chacun de ces moments de la vie de tous les jours.

LUNDI

1. ....
2. ....
3. ....

MARDI

1. ....
2. ....
3. ....

MERCREDI

1. ....
2. ....
3. ....

JEUDI

1. ....
2. ....
3. ....

VENDREDI	1. .... 2. .... 3. ....
SAMEDI	1. .... 2. .... 3. ....
DIMANCHE	1. .... 2. .... 3. ....

DITES MERCI !

Remarquez toutes les situations qui ont de quoi inspirer votre gratitude. Identifiez les petits gestes des personnes autour de vous et remerciez-les de leurs attentions.

UN TOUR DE RECONNAISSANCE

Sortez faire un tour. Pendant votre promenade, appréciez les petites choses qui vous entourent. Observez les couleurs, les gens, les odeurs, la brise ou la bise... Prenez quelques minutes pour vous concentrer sur chacun de vos sens (vue, ouïe, goût, odorat et toucher) afin de découvrir des choses que vous n'aviez pas perçues jusque-là.

UNE LETTRE DE REMERCIEMENT

Pensez à une personne qui vous importe énormément, envers qui vous éprouvez de la reconnaissance ou, simplement, que vous appréciez beaucoup. Écrivez-lui une lettre très détaillée sur ce que vous aimez chez elle et envoyez-la-lui.

★★★ PREMIERS SECOURS ★★★

Voici quelques pistes et conseils pour savoir que faire lorsque vous vous sentez mal dans votre peau et que vous cherchez à retrouver un état de bien-être.

Dites-vous que nous avons tous des hauts et des bas. Soyez bienveillant avec vous-même. Parlez-vous comme vous parleriez à un ami qui se trouverait dans la même situation que vous.

Faites régulièrement de l'exercice.

Sortez, prenez l'air, que ce soit dans un parc, à la campagne ou au bord de la mer. Choisissez une activité qui vous divertisse. Puis, lancez-vous !

Trouvez-vous un hobby ou apprenez quelque chose de nouveau.

Amusez-vous, réalisez des activités créatives.

Aidez les autres, engagez-vous pour une bonne cause au sein d'une association ou d'une ONG. Ou, simplement, rendez service à une connaissance. Cela ne profitera pas seulement à votre prochain !

Détendez-vous. Gardez du temps pour vous. Autorisez-vous à ne rien faire.

Mangez sain et prenez soin de votre santé ! Ne sautez jamais de repas. Buvez de l'eau.

Dormez beaucoup.

Échangez avec les autres, restez en contact avec votre famille et vos amis. Écrivez-leur, téléphonez-leur, rendez-leur visite.

Considérez les choses avec de la distance.

Acceptez les choses comme elles sont.

L'ANXIÉTÉ
SES SYMPTÔMES

RECONNAÎTRE LES MANIFESTATIONS CORPORELLES DE L'ANXIÉTÉ AIDE À PRÉVENIR LES CRISES DE PANIQUE QUI, EN FAIT, SONT UNE RÉACTION DU CERVEAU À NOTRE PEUR.

Nos peurs, petites ou grandes, ont des effets sur notre corps. L'anxiété est un mécanisme de défense naturelle présent chez chacun de nous. Quand nous n'arrivons pas à la maîtriser, notre cerveau transmet un signal à notre système nerveux central, qui à son tour envoie un message d'alerte à notre corps, avec pour conséquence de pénibles symptômes.

La peur est la principale cause de l'anxiété, du stress et de la dépression. Quand elle survient, notre mental perd ses moyens. Dès les premiers signes d'anxiété, essayez de vous détendre. Respirez à fond et pratiquez la pensée positive. Votre corps retrouvant un équilibre, votre système nerveux fonctionnera de nouveau normalement.

LA CARTE DE VOS ÉMOTIONS

Dressez une liste de toutes les situations qui déclenchent en vous de l'anxiété. Identifiez dans quelle partie de votre corps cela engendre une tension. Puis, élaborez un plan de lutte que vous utiliserez désormais.

NOTEZ TROIS SITUATIONS OU CHOSES QUI SUSCITENT EN VOUS TENSION, PEUR OU ANXIÉTÉ.

1. ....
2. ....
3. ....

QUAND VOUS ÉPROUVEZ CES ÉMOTIONS OU SENSATIONS, À QUOI PENSEZ-VOUS ?

DANS CES SITUATIONS, QUE RESSENTEZ-VOUS PHYSIQUEMENT ?
COLORIEZ LES PARTIES DE VOTRE CORPS DANS LESQUELLES SE MANIFESTENT TENSION, ANXIÉTÉ, ETC.

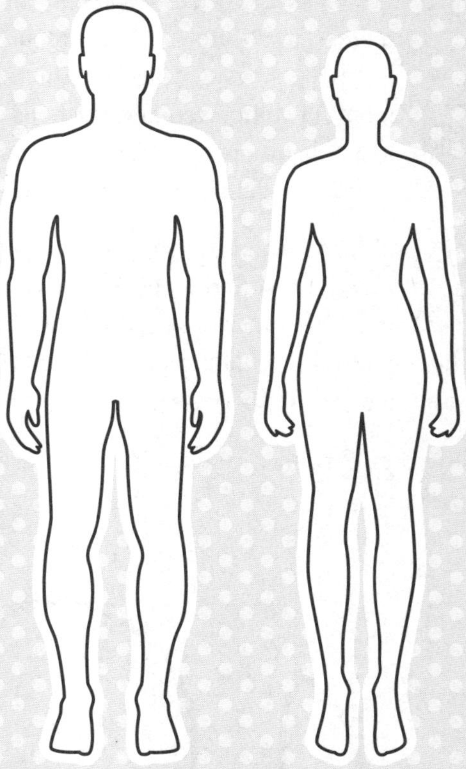

QUE POUVEZ-VOUS FAIRE POUR LIMITER CES EFFETS ?

1. ....

....

2. ....

....

3. ....

....

INSPECTION DE PENSÉES
DÉTECTEZ LES MESSAGES NÉGATIFS

EN APPRENANT À INTÉGRER DES MESSAGES POSITIFS DANS VOS PENSÉES, VOUS ATTEINDREZ UNE PLUS GRANDE STABILITÉ ÉMOTIONNELLE, VOUS GAGNEREZ EN OPTIMISME ET VOUS SEREZ MOINS ANXIEUX.

Les messages négatifs que nous nous envoyons à nous-mêmes maltraitent notre amour-propre. À l'aide de l'exercice suivant, vous identifierez les pensées, sentiments et comportements qui nous sont nuisibles et vous leur substituerez des raisonnements propres à favoriser en vous un dialogue interne plus positif.

Toutes les pensées qui naissent dans notre esprit du matin au soir sont des affirmations. Selon certaines études, nous en formerions chaque jour de quarante à cinquante mille. Curieusement, la plupart de ces « affirmations » sont négatives. Il n'est donc pas étonnant qu'elles nous lient à des expériences que nous voudrions éliminer.

Pour inverser cette situation, exprimez ce que vous désirez réellement. Formulez tous ces souhaits au présent.

LE POUVOIR DE LA PENSÉE

Dans la première colonne (voir page suivante), notez une situation qui a provoqué chez vous un malaise ou une inquiétude. Dans la seconde, décrivez la pensée négative qu'il en est résulté.

Quel effet cette pensée négative a-t-elle eu sur vous ? Notez-le. Puis notez aussi une autre pensée, propre à contrecarrer cet effet.

Nous vous proposons un exemple.

SITUATION	PENSÉE	EFFET	PENSÉE RATIONNELLE
Mon chef n'est pas content.	J'ai dû commettre une erreur. À tous les coups, ils vont me licencier.	Anxiété, voire angoisse. Je fais des suppositions sur les erreurs que je pourrais avoir commises.	Mon chef peut être en colère pour toutes sortes de raisons. D'habitude, il est satisfait de mon travail. Par conséquent, si j'ai commis une erreur, nous pouvons en discuter de manière civilisée.

SITUATION	PENSÉE	EFFET	PENSÉE RATIONNELLE

ÉTATS D'ÂME

DÉTECTEZ VOS ÉMOTIONS NÉGATIVES

BONNE HUMEUR, TRISTESSE, FATIGUE, ÉNERGIE… D'UN MATIN À L'AUTRE, NOUS NOUS LEVONS DU BON OU DU MAUVAIS PIED ET NOTRE ÉTAT D'ÂME PEUT VARIER AU COURS DE LA JOURNÉE.

Analyser votre état d'âme aide à comprendre l'origine de vos émotions négatives. Une journée ne suffit pas forcément, mais récapituler vos humeurs sur toute la semaine devrait vous fournir des indices. Tous les jours à la même heure, vous devenez triste ? Est-ce le matin, avant de partir au travail ? Ou au contraire, le soir ?

Souvent, un sentiment de tristesse, de colère ou une tension nous envahit soudainement sans que nous sachions expliquer pourquoi. Simplement, nous nous laissons submerger par des émotions intenses. Pour maîtriser ces variations de l'humeur, il faut comprendre ce qui altère notre état d'âme et pourquoi. C'est ainsi que nous pouvons nous attaquer de front au problème et lui trouver une solution, sans nous mettre dans tous nos états.

MES ÉTATS D'ÂME SUR UNE SEMAINE

Pendant une semaine, remplissez ce tableau en résumant en un mot votre humeur ou votre état d'âme : « Nerveux », « Content », « Découragé »... Pour vous en souvenir en fin de semaine, notez aussi ce que vous avez fait ce jour-là.

	LUNDI	MARDI	MERCREDI	JEUDI	VENDREDI	SAMEDI	DIMANCHE
6 H - 10 H							
10 H - 14 H							
14 H - 18 H							
18 H - 22 H							
22 H - 2 H							
2 H - 6 H							

Souvent, ce sont nos attentes qui déterminent notre comportement. S'obstiner à considérer qu'une situation est défavorable et qu'elle ne peut s'améliorer, c'est bâtir un scénario très négatif, qui ne peut que nous priver de bonheur. Mieux vaut axer nos pensées sur des anticipations positives. Ainsi, nos intentions rendent la réalité beaucoup plus attrayante et nous pouvons tirer le meilleur parti de nos capacités.

MA LISTE DE SOUHAITS

Dans l'espace ci-dessous, dressez une liste de souhaits que vous aimeriez voir exaucés le mois prochain. Faites-le en toute innocence : vous devez être convaincu que tous ces vœux vont se réaliser. Puis relisez-vous plusieurs fois.

Dans deux ou trois mois, lisez de nouveau votre liste pour vérifier dans quelle mesure vos souhaits sont devenus réalité.

1. ....

....

2. ....

....

3. ....

....

4. ....

....

5. ....

....

6. ....

....

7. ....

....

LA CONFIANCE EN SOI
LA CLÉ DE LA RÉUSSITE

NOUS FAISONS TOUS LA DISTINCTION ENTRE LE BIEN ET LE MAL ET NOUS SOMMES PARFAITEMENT CONSCIENTS DE NOUS NUIRE PAR CERTAINS COMPORTEMENTS. VIVEZ EN CONFORMITÉ AVEC VOS PRINCIPES LES PLUS PROFONDS. LÀ EST LA CLÉ DE VOTRE RÉUSSITE.

Nous avons tous entendu parler de personnes qui, avantagées par leur confiance en soi, ont atteint leurs objectifs et ont réussi. Cet exercice vous permettra de renforcer la vôtre, en vous appuyant sur ces modèles.

Oscar Wilde disait : « Soyez vous-mêmes, les autres sont déjà pris. » Plaisanterie à part, c'est une vérité fondamentale. Et encore, on ne peut être soi-même sans apprendre d'abord à se comprendre et à s'accepter. Votre principal objectif doit être d'y parvenir.

Prenez le temps de penser à ce qui vous importe vraiment et de réfléchir à votre nature profonde. Réfléchissez à votre vie et à vos choix. Pensez à ce que vous voudriez faire ou ne pas faire et agissez en conséquence. Votre définition de vous-même doit vous convenir, en reflétant ce que vous ressentez réellement.

APPRENEZ À AVOIR CONFIANCE EN VOUS

FAITES VOTRE AUTOPORTRAIT : TAILLE, POIDS, CARACTÉRISTIQUES PHYSIQUES, ETC.

....

....

....

....

....

PENSEZ À TROIS PERSONNES, CÉLÈBRES ET POSITIVES,
AUXQUELLES VOUS RESSEMBLEZ PAR CERTAINS CÔTÉS.

1. ....
2. ....
3. ....

DÉCRIVEZ VOS TRAITS DE CARACTÈRES LES PLUS SUPERFICIELS, ET VOTRE CARACTÈRE EN GÉNÉRAL, EN 3 OU 4 ADJECTIFS AU MAXIMUM. PAR EXEMPLE : JOYEUX, EXTRAVERTI, SÉRIEUX, ETC.

....

....

....

APPROFONDISSEZ MAINTENANT VOTRE ÉTUDE DE CARACTÈRE EN DÉCRIVANT DES ASPECTS QUE VOUS N'AVEZ PAS L'HABITUDE D'EXTÉRIORISER : SINCÉRITÉ, SENS DE L'HONNEUR, CONSCIENCE SOCIALE...

....

....

....

RELISEZ LES NOMS DE CÉLÉBRITÉS QUE VOUS AVEZ PRÉCÉDEMMENT NOTÉS. ÉCARTEZ CEUX DONT LES PRINCIPAUX TRAITS DE CARACTÈRE ÉMOTIONNEL NE CONCORDENT PAS AVEC LES VÔTRES. INSCRIVEZ ICI LES NOMS RESTANTS :

ENFIN, ÉCARTEZ LES PERSONNAGES QUI NE CORRESPONDENT PAS À VOTRE RÉALITÉ ÉMOTIONNELLE PROFONDE.

QUELLES SONT LES PERSONNALITÉS RESTANTES ? POUR QUELLE RAISON ?

VOUS ÊTES COURAGEUX

NE VOUS CACHEZ PAS, MONTREZ-VOUS TEL QUE VOUS ÊTES

CE QUI FAIT TOUTE VOTRE VALEUR D'INDIVIDU, C'EST PRÉCISÉMENT CE QUI VOUS DISTINGUE DE LA MASSE. RAPPELEZ-VOUS CE PROVERBE JUIF : SI NOUS ALLIONS TOUS DANS LA MÊME DIRECTION, LA TERRE BASCULERAIT.

Reconnaissez vos qualités ! Cela vous rendra plus fort. Comprenez que nous sommes tous différents et que les traits qui vous distinguent vous servent justement de carte de visite dans vos relations sociales. L'exercice qui suit vous encouragera à montrer à votre entourage les grandes qualités que vous avez en vous.

Pour s'aimer soi-même d'amour, il faut inévitablement accepter tout ce qui nous distingue des autres. Mais il arrive que l'entourage ne soit pas assez ouvert d'esprit pour comprendre nos différences. On se heurte alors à des attitudes d'intolérance. Rester ferme sur ses positions, défendre ses convictions et, surtout, s'aimer soi-même aide à surmonter ces obstacles et à chercher des solutions. Cela consiste par exemple à se trouver de nouveaux amis et à fréquenter des personnes qui nous estiment vraiment pour ce que nous sommes.

TATOUAGES

Dessinez vos tatouages, dans les couleurs de votre choix. Ils comportent quatre parties, représentant différentes facettes de vous-même. En haut à gauche : vos aspects physiques préférés. En haut à droite : vos traits de caractère préférés. En bas à gauche : vos talents préférés. En bas à droite : vos rêves préférés. Enfin, en dessous du tatouage, inscrivez une devise ou toute autre phrase traduisant l'intention du dessin.

COMPRENEZ-VOUS VOUS-MÊME

LA CLÉ POUR MIEUX COMPRENDRE LES AUTRES

LA TOLÉRANCE, C'EST LE RESPECT ENVERS CE QUE PENSENT ET FONT LES AUTRES, MÊME SI CELA S'OPPOSE À NOS PROPRES CONVICTIONS ET COMPORTEMENTS. EN PLUS D'ÊTRE SOURCE DE PAIX UNIVERSELLE, C'EST UNE QUALITÉ QUI VA DE PAIR AVEC L'ESTIME DE SOI.

Votre bien-être dépend fortement de la manière dont vous vous percevez et de la valeur que vous voyez en vous. Cette estime de vous-même est ce qui nourrit votre mental. L'améliorer est un travail continu de développement personnel. Réfléchir sur vous-même et sur ce qui vous entoure vise, en fin de compte, à comprendre que nul n'est semblable à quiconque. Et chaque élément de la nature est unique, lui aussi.
Attention ! « Différent » ne veut pas dire « meilleur », ni « pire ». Respecter les particularités des autres va autant de soi que respecter les nôtres.

DIFFÉRENTS MAIS PAS TANT QUE CELA

Pour l'exercice suivant, il faut être deux. Prenez chacun une feuille d'arbre et décrivez-en les caractéristiques : taille, couleur, forme, texture, poids, etc. Puis, entourez les caractéristiques que vous aurez tous les deux notées. Grâce à cette comparaison, vous verrez qu'à certains égards, nous sommes soit égaux, soit différents.

COLLEZ VOTRE FEUILLE ICI

COLLEZ SA FEUILLE ICI

QUELQU'UN DE BIEN

LA VALEUR DE L'ALTRUISME

La spiritualité apporte bien plus que de l'argent ou de la célébrité : c'est elle qui donne du sens à notre vie. Ceux qui font le bien de l'humanité restent souvent anonymes. Cependant, nous avons tous dans notre entourage des modèles de comportement positif auxquels nous comparer. À l'inverse, vivre dans un monde matérialiste ne fait que nuire à l'estime que nous avons de nous-mêmes.

CINQ PERSONNES QUI COMPTENT

Dans la première colonne ci-dessous, inscrivez le nom de cinq personnes que vous connaissez (qu'il s'agisse de membres de votre entourage, de personnages historiques ou de célébrités contemporaines) et qui ont contribué au bien commun et à la construction d'un monde meilleur. Dans l'autre colonne, inscrivez les noms de personnes ayant semé le malheur, la guerre, ou la tristesse en général.

PERSONNES POSITIVES	PERSONNES NÉGATIVES
....	....
....	....
....	....
....	....
....	....

SE CONNAÎTRE MIEUX SOI-MÊME

LUTTER CONTRE LES IDÉES NÉGATIVES

LES IDÉES NÉGATIVES ATTIRENT DES PERSONNES, DES SITUATIONS OU DES ATTITUDES PROPRES À NOUS EMPOISONNER LA VIE. ANALYSER CES IDÉES PRÉCONÇUES PERMET DE « REPROGRAMMER » NOTRE MENTAL.

Nous avons divers complexes et idées préconçues sur nous-mêmes, qui ont pénétré notre inconscient pendant notre enfance et notre adolescence. Souvent, de telles croyances nous empêchent de progresser vers la réussite et le bonheur. Tant que nous n'en prenons pas conscience, elles nous échappent et agissent de façon insidieuse.

L'exercice qui suit aide à résoudre bien des questions. Quand vous vous rendez compte qu'une croyance négative vous empêche d'être heureux, placez-vous devant le miroir et regardez-vous dans les yeux.

LE MIROIR

Placez-vous devant un miroir. Observez-vous, puis complétez à voix haute la phrase suivante :

JE VEUX SURMONTER UN OBSTACLE QUI M'EMPÊCHE DE ....

....

....

....

NOTEZ ICI VOS ÉMOTIONS, SENSATIONS ET PENSÉES : ....

....

....

....

....

Remettez-vous devant le miroir et posez-vous la question suivante :
« Quelle est l'idée la plus négative que j'ai à mon sujet ? »

NOTEZ VOS RÉFLEXIONS ICI : ....

....

....

....

....

....

....

UNE LETTRE DE SOUHAITS
LE PLAISIR D'ALIMENTER VOS RÊVES

QUAND NOUS ÉTIONS PETITS, NOUS ÉCRIVIONS DES LETTRES AU PÈRE NOËL EN NOUS FAISANT UNE JOIE DE VOIR NOS SOUHAITS EXAUCÉS. MÊME ADULTE, ON A LE DROIT DE CROIRE EN SES RÊVES : C'EST LE PREMIER PAS VERS LEUR RÉALISATION.

Sous ses airs innocents, cet exercice a des pouvoirs redoutables. En fixant ses pensées sur ce que l'on souhaite, on s'« autoprogramme » pour l'obtenir. Mais ce qui est le plus important, c'est le plaisir que l'on ressent à évoquer ses défis, ses objectifs, ses rêves. Le simple fait d'y songer vous procurera une sensation de plaisir. Votre cerveau, associant cette sensation à quelque chose de positif, voudra approfondir la question. De telles sensations vous aideront à garder la foi nécessaire pour réaliser vos rêves.

Cherchez un endroit au calme où vous pouvez rester quelques minutes sans être dérangé. Puis, plongez-vous dans ce qui vous fait rêver. Plus vous ajouterez de choses à votre lettre, mieux vous vous sentirez. Quand vous verrez les portes commencer à s'ouvrir, les opportunités et les contacts apparaître, vous aurez encore plus envie de vous battre pour atteindre vos buts.

TOUT CE QUE VOUS ÉCRIREZ DANS CETTE LETTRE S'ACCOMPLIRA

Dressez une liste de souhaits et décrivez-les le plus précisément possible. Cherchez dans des journaux, dans des revues ou sur Internet des images représentant ce que vous désirez et collez-les sur votre lettre, pour l'illustrer. Chaque fois que vous ajoutez quelque chose à votre lettre, dites à voix haute : « Ce que cette lettre contient est déjà en chemin vers moi. »

VISUALISATION CRÉATRICE

COMMENT AVOIR L'ESPRIT EN PAIX

MENER NOTRE ESPRIT VERS DES LIEUX PAISIBLES, QUI ÉVOQUENT POUR NOUS DES ÉMOTIONS AGRÉABLES, EST UN EXERCICE TRÈS EFFICACE POUR APPRENDRE L'ART DE TROUVER LE CALME DANS LES SITUATIONS DIFFICILES.

La visualisation créatrice est une technique mentale très efficace, dont la pratique dépasse le champ purement thérapeutique. Elle a été adoptée par les sportifs et par bien d'autres personnes soumises dans le cadre de leur profession à un stress puissant, comme les médecins, les militaires ou les pilotes d'avion.

Le meilleur moment pour réaliser un exercice de visualisation est le matin, au réveil. Mais vous pouvez aussi le faire plus tard dans la journée, quand vous trouvez un moment de calme. Évitez les heures trop tardives, car vous risqueriez de vous endormir.

Le cerveau produit des images qui procurent une sensation de bien-être. Avec la pratique, on arrive à faire surgir ces visions pour retrouver la sérénité, dans les moments de tension.

La visualisation créatrice est très utile pour accéder à notre subconscient, puisqu'elle n'a d'autres limites que celles de notre imagination. Le bien-être peut se visualiser d'une infinité de façons.

LE HÉROS DU FILM

Trouvez un endroit tranquille où personne ne vous dérangera dans les 5 minutes qui viennent. Respirez à fond puis suivez les étapes décrites ci-dessous. Refaites cet exercice tous les jours pendant une semaine.

1 Imaginez que vous êtes confortablement installé dans un fauteuil de cinéma. La lumière s'éteint. Sur l'écran, un film commence. Vous en êtes le principal personnage. Observez-vous. La personne que vous regardez est la meilleure version de vous-même. Vous êtes souriant, détendu. Vos mouvements sont pleins d'aisance. Vêtu avec élégance, vous avez la peau lisse, vos cheveux sont resplendissants. Tout, dans votre apparence, indique que vous savez ce que vous voulez dans la vie.

2 Observez vos sensations tandis que vous regardez le film. Comment vous sentez-vous ? Entrez en empathie avec votre personnage. Ses triomphes sont les vôtres. Ressentez ce qu'il ressent.

3 Levez-vous mentalement de votre siège et dirigez-vous vers l'écran. Ouvrez une porte imaginaire et glissez-vous dans la scène. Vivez le film comme si vous en étiez le héros. Observez vos sensations.

4 Revenez à votre fauteuil. Imaginez que l'écran rétrécit au point de devenir minuscule, comme un bonbon. Dégustez-le lentement, en imaginant que ce que vous avez vu va se transformer en réalité.

5 Le goût sucré du bonbon se répand dans chaque cellule de votre corps. Il y diffuse la confiance en soi de cette personne que vous avez vue à l'écran, sûre d'elle, pleine de force et de santé.

DITES « NON »...
...EN VOUS AFFIRMANT

Certaines personnes prétendent vous imposer leur volonté ? Vous avez le choix de dire « Non ». Dans ce cas, regardez-les dans les yeux et répondez-leur de façon ferme, brève et aimable. Si vous voyez des solutions de rechange, proposez-les, mais n'entrez pas dans des négociations. Être capable de dire « Non », c'est savoir s'affirmer. Et c'est faire preuve d'« assertivité », c'est-à-dire être capable de défendre ses droits, sans se laisser manipuler ni manipuler les autres.

Soyez conscient de vos réussites et valorisez-les. Si vous considérez à leur juste valeur vos aspects positifs, vous gagnerez en confiance en vous. De ce fait, vos capacités se développeront aussi. À l'inverse, si vous vous focalisez sur vos erreurs, vous vous sentirez de moins en moins sûr de vous, avec pour conséquence que vous en commettrez encore plus.

S'affirmer, c'est aussi faire preuve d'« assertivité », c'est-à-dire être capable de défendre ses droits, sans se laisser manipuler ni manipuler les autres. Être capable d'assertivité suppose de savoir défendre ses propres intérêts face aux exigences des autres, sans pour autant avoir des comportements violents ou agressifs.

L'assertivité est à mi-chemin entre les comportements inhibés des personnes timides, peu sûres d'elles, et les comportements violents des personnes agressives et égoïstes.

OSEZ ÊTRE VOUS-MÊME

Faites une liste de toutes les situations dans lesquelles vous trouvez que vous devriez mieux vous affirmer et montrer plus de confiance en vous.
Par exemple : dire à quelqu'un que vous refusez de l'accompagner quelque part.

- [ ] ....
- [ ] ....
- [ ] ....
- [ ] ....
- [ ] ....
- [ ] ....
- [ ] ....

Notez ensuite de 1 à 10 le degré de difficulté que vous éprouvez pour vous affirmer dans les situations que vous avez notées. Classez-les par ordre croissant de difficulté. Pour la première, inscrivez les réactions pleines d'assurance que vous aimeriez avoir dans ces circonstances. Rien ne vous vient à l'esprit ? Imaginez alors une personne sûre d'elle, dans la même situation.

QUE DIRIEZ-VOUS ? ....

....

....

COMMENT VOUS COMPORTERIEZ-VOUS ? ....

....

....

VIVRE CONSCIEMMENT
PREMIÈRE CLÉ DE L'ESTIME DE SOI

LA PSYCHOLOGIE COGNITIVE EST AXÉE SUR LES PROCESSUS DE PERCEPTION, DE MÉMOIRE ET D'APPRENTISSAGE, AFIN DE COMPRENDRE LE FONCTIONNEMENT DE NOTRE PSYCHISME. L'UN DE SES PLUS REMARQUABLES REPRÉSENTANTS EST LE PSYCHOTHÉRAPEUTE CANADIEN NATHANIEL BRANDEN.

Nathaniel Branden est l'auteur d'un livre intitulé *Les Six Clés de l'estime de soi*. Ce manuel propose des méthodes cognitives simples pour développer le respect de soi-même. Selon lui, cela commence par « vivre consciemment », c'est-à-dire en prenant conscience du moment présent et en étant attentif à notre façon de parler et de penser.

Spécialiste de la confiance en soi, Nathaniel Branden a élaboré une méthode consistant à compléter des phrases. En permettant de prendre conscience de pensées et de sentiments inconscients, elle aide à transformer des idées relevant de la croyance et des attitudes qui entravent l'individu.

Cette technique est très utile pour mieux se comprendre soi-même. Son principe : nous en savons tous davantage que nous le croyons, et plus nous utilisons ce savoir, mieux nous nous en sortons dans la vie. Grâce à cet exercice, vous pourrez découvrir en vous des ressources que vous pensiez en sommeil ou dont vous ne soupçonniez même pas l'existence.

MIEUX VOUS COMPREDNRE

Pour chacun des énoncés suivants, imaginez trois suites. Elles doivent être correctes sur le plan grammatical mais ne réfléchissez pas trop, il faut les écrire avec rapidité. Quand vous aurez terminé, relisez-vous attentivement.

SI JE SUIS UN PEU PLUS ATTENTIF À MES TÂCHES DE CE JOUR...

1. ....
2. ....
3. ....

SI JE SUIS PLUS ATTENTIF À MES RAPPORTS AVEC LES AUTRES AUJOURD'HUI...

1. ....
2. ....
3. ....

SI JE PRENDS UN PEU PLUS (5 %) CONSCIENCE DES CHOSES POUR LESQUELLES JE NE SUIS PAS SÛR DE MOI AUJOURD'HUI...

1. ....
2. ....
3. ....

SI JE FAIS UN PEU PLUS ATTENTION À MES PRIORITÉS DE CE JOUR...

1. ....
2. ....
3. ....

LES VALEURS
CES CHOSES QUI COMPTENT VRAIMENT

NOTRE MILIEU FAMILIAL, CULTUREL, SOCIAL NOUS TRANSMET DES VALEURS. À NOUS DE LES ANALYSER, EN NOUS DEMANDANT SI ELLES RÉPONDENT VRAIMENT À NOS ATTENTES.

Nos valeurs sont ces choses qui comptent vraiment pour nous. Elles varient d'une personne à l'autre, et le degré d'importance que chacun d'entre nous leur accorde varie aussi. Pour vous, ce qui compte le plus est peut-être la famille, tandis que pour quelqu'un d'autre, ce sera son activité professionnelle. Chaque individu a sa propre échelle de valeurs. Toutes sont aussi respectables les unes que les autres. Il n'y a pas de bonne ou de mauvaise échelle de valeurs.

En établissant votre propre échelle de valeurs, vous arriverez mieux à définir vos priorités et à cerner ce qui est vraiment important à vos yeux. L'exercice qui suit vous aidera à réfléchir à vos valeurs. Si l'une des rubriques ne vous concerne pas, passez simplement à la suivante.

Notre échelle de valeurs peut également évoluer avec le temps. Cependant, une fois que nous avons défini nos valeurs, nous devons les respecter par-dessus tout, car cela équivaut à nous respecter nous-mêmes.

CE QUI COMPTE LE PLUS POUR VOUS

Notez de 1 à 5 chacune des rubriques suivantes, selon l'importance que vous leur accordez. Les questions qui accompagnent chacune d'entre elles vous aideront à réfléchir à leur sujet.

☐ FAMILLE

- Quelles relations familiales aimeriez-vous avoir ?
- Pensez-vous être utile à votre famille ?
- Lui consacrez-vous assez de temps ? Que devriez-vous faire pour en passer davantage auprès d'elle ?

☐ COUPLE/AMOUR

- Quelle serait votre relation de couple idéale ?
- Dans une relation de couple idéale, comment vous comporteriez-vous avec l'autre ?
- Consacrez-vous assez de temps à votre conjoint(e) ? Que devriez-vous faire pour en passer davantage auprès de lui(d'elle) ?

☐ ENFANTS

- Quelles sont vos qualités, en tant que parent ?
- Comment pensez-vous que vos enfants vous perçoivent ?
- Leur consacrez-vous assez de temps ? Que devriez-vous faire pour mieux vous occuper d'eux ?

☐ AMIS ET RELATIONS

- Quel type d'amis voudriez-vous avoir ?
- Que pourriez-vous faire pour avoir plus d'amis ?
- Consacrez-vous assez de temps à cet aspect de votre existence ? Dans la négative, que pourriez-vous faire pour améliorer la situation ?

☐ TRAVAIL/ÉTUDES

- Dans votre activité professionnelle ou dans vos études, qu'est-ce qui compte le plus ? Quelle opinion de vous aimeriez-vous inspirer à vos supérieurs et à vos collègues ?
- Consacrez-vous assez de temps à cet aspect de votre existence ? Dans la négative, que pourriez-vous faire pour améliorer la situation ?

☐ TEMPS LIBRE

- À quoi aimez-vous occuper votre temps libre ?
- Accordez-vous beaucoup d'importance à vos loisirs ?
- Pensez-vous vous accorder assez de temps ? Dans la négative, que pourriez-vous faire pour mieux vous occuper de vous-même ?

☐ SANTÉ/EXERCICE PHYSIQUE

- Quelle est la meilleure manière de préserver votre santé ?
- Accordez-vous beaucoup d'importance à votre état physique ?
- Pensez-vous accorder assez de temps à votre santé ? Que pourriez-vous faire pour améliorer la situation ?

VOTRE MANDALA
LA MÉDITATION SOUS FORME D'ART

RÉALISER UN MANDALA EST UN TRAVAIL LUDICO-THÉRAPEUTIQUE PERMETTANT D'EXTÉRIORISER L'ENFANT QUI EST EN NOUS ET D'EXPLORER NOTRE CRÉATIVITÉ. CETTE ACTIVITÉ EST SOURCE D'HARMONIE ET D'ÉQUILIBRE INTÉRIEUR.

En Asie, les mandalas sont des œuvres picturales que de nombreuses traditions spirituelles utilisent pour pratiquer la méditation. En Occident, la recherche scientifique établit que méditer aide à lutter contre le stress et à prévenir toutes sortes d'affections éventuellement liées à un déséquilibre émotionnel. Souvent, les psychothérapies recourent à la méditation pour apaiser l'anxiété.

Cette démarche se traduit sous la forme d'un cercle de couleurs, qui représente notre monde intérieur. La satisfaction de voir ce travail achevé a en soi un effet positif sur le moral. Coloriez votre mandala à votre goût. Ensuite, découpez-le, encadrez-le et suspendez-le chez vous à un mur. Il vous rappellera que pour le réaliser, vous avez pris du temps pour vous-même.

Si cette expérience vous a satisfait, sachez qu'on trouve dans le commerce beaucoup d'albums de mandalas avec lesquels poursuivre votre pratique.

DE L'EXTÉRIEUR VERS L'INTÉRIEUR

Muni de vos crayons de couleur, trouvez un coin tranquille où personne ne vous dérangera. Coloriez le mandala de l'extérieur vers l'intérieur, en prêtant attention aux traits, aux formes, aux couleurs. Observez ce que vous ressentez.

LES 24 FORCES DE L'ÊTRE HUMAIN

Les spécialistes de la psychologie positive, représentés notamment par Martin Seligman et Christopher Peterson, dénombrent vingt-quatre forces chez l'être humain, classées en six grandes vertus :

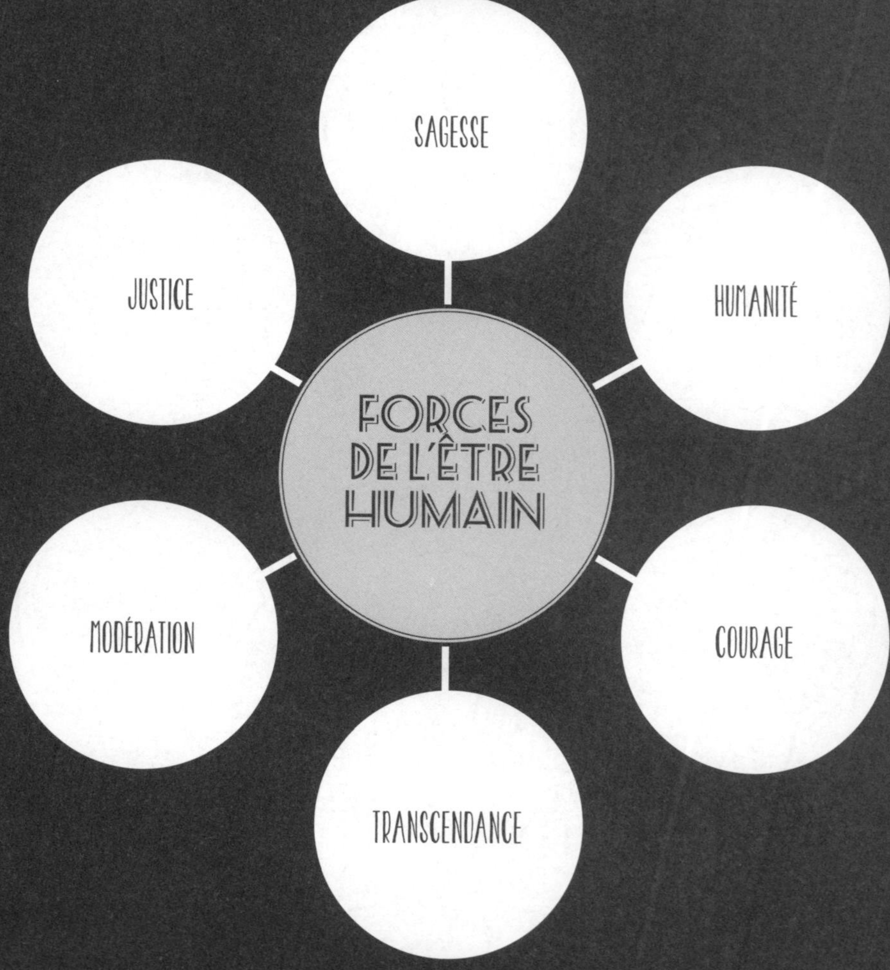

Sagesse et connaissance

Forces cognitives en lien avec le savoir, son usage et la manière de l'acquérir

Curiosité, intérêt envers le monde

Amour de la connaissance et de l'apprentissage

Aptitude à la pensée et au jugement critiques, ouverture d'esprit

Ingéniosité, originalité, intelligence pratique

Aptitude à avoir une vue d'ensemble sur les choses

Sens de la justice

Forces civiques favorisant l'harmonie sociale et la cohabitation avec les autres

Civisme, loyauté, sens du travail en équipe

Sens de la justice, équité

Sens du leadership

Courage

Forces émotionnelles permettant d'atteindre un but, dans les situations difficiles.

Audace

Persévérance et diligence

Intégrité, honnêteté, authenticité

Vitalité, enthousiasme, aptitude à se passionner

Humanité

Forces interpersonnelles consistant à apporter de l'attention, de l'affection et de la tendresse aux autres

Aptitude à aimer et à être aimé

Sympathie, amabilité, générosité

Intelligence affective, personnelle et sociale

Modération

Forces nous évitant de tomber dans l'excès

Capacité à pardonner, miséricorde

Modestie, humilité

Prudence, discrétion

Maîtrise de soi

Transcendance

Forces donnant du sens à la vie

Capacité à s'étonner, à apprécier la beauté et l'excellence

Sens de la gratitude

Optimisme, espérance, projection dans l'avenir

Sens de l'humour

Sens religieux, spiritualité, foi

Sur ces vingt-quatre forces, cinq sont en rapport direct avec le bonheur :

À PROPOS DE L'AUTEUR

Rut Abadía est psychologue et journaliste. Elle collabore à divers médias en tant que consultante dans les domaines du développement psychologique, du leadership et du coaching. Formée à plusieurs disciplines psychothérapeutiques, elle anime des groupes d'entraide dans plusieurs villes espagnoles. Elle donne aussi des cours de méditation et de développement personnel au sein d'entreprises ou d'établissements scolaires.

DANS LA MÊME COLLECTION

CAHIER D'EXERCICES POUR ÊTRE HEUREUX

Antonio Beltrán

CAHIER D'EXERCICES POUR ÊTRE ZEN

Antonio F. Rodríguez